北海道 富良野(ふらの) 美瑛(びえい) 風景NAVI

Hokkaido Furano, Biei Area
Landscape Navigation

高橋 真澄
MASUMI TAKAHASHI

SEISEISHA

上富良野町（4月） ｜ Kamifurano-cho (Apr.)

はじめに | Preface

雄大な山々が背景に続く広大な丘の大地。四季折々の魅力を求めて訪れる人々は年々増加し、近年では海外の方も非常に多くなっています。

本書は、この広大なエリアを45年以上長く撮影してきた経験を基に15の地域に分け、写真撮影の手引きに重点を置きました。基本的な舗装道路から見える景色を中心に紹介していますが、奥深いこの地域をじっくりと探索すれば、自分なりの隠れた魅力を発見することができるでしょう。

ここは農業生産の場です。観光や撮影を楽しむ際は、畑を踏み荒らすことのないよう節度ある行動を心がけてください。

This is the vast hill-shaped land with magnificent mountains in the background. The number of people visiting here for attraction of each of the four seasons is increasing year after year and lots of foreign people have been visiting here recently.

In this book, this vast area is separated into 15 regions based on my shooting experience for more than 45 years, and I put stress on photographing instructions. I mainly choose the sceneries seen from the basic paved roads, but you could find some fascinating points only for you in them.

This is the place for agricultural production. When you enjoy sightseeing or taking photos here, please behave in a moderate way and do not trample the farms.

上富良野町（6月）｜ Kamifurano-cho（Jun.）

上富良野町（10月）｜Kamifurano-cho (Oct.)

AREA MAP
N
士別
旭山動物園
旭川駅
旭川市
JR富良野線
1 旭川空港方面
旭川空港
2 旭岳温泉 天人峡方面
旭岳温泉
旭岳
大雪山旭岳ロープウェイ
忠別湖
天人峡温泉
パッチワークの路
4 五稜方面
セブンスターの木
親子の木
ケンとメリーの木
北西の丘
マイルドセブンの丘
北美瑛駅
美瑛駅
美瑛町
3 ロウネナイ ウバクベツ オキキネウシ方面
美馬牛 瑠辺蘂方面
新栄の丘
6 クリスマスツリーの木
かんのファーム
三愛の丘
千代田の丘
ふれあい牧場
5 パノラマロード方面
美馬牛駅
7 青い池・白金方面
トムラウシ山
上富良野 深山峠 9 方面
ジェットコースターの路
深山峠
10 上富良野町
美瑛川
青い池
白金温泉
オプタテシケ山
千望峠
白ひげの滝
日の出公園
上富良野駅
十勝岳方面 8
美瑛富士
十勝岳望岳台
美瑛岳
十勝岳温泉
十勝岳
上ホロカメットク山
富良野岳
上富良野岳
前富良野岳
原始ヶ原
下ホロカメットク山
トウヤウスベ山
滝川 札幌・千歳
JR根室本線
滝里湖
ファーム富田
西中駅
ラベンダー畑駅
北星山ラベンダー園
中富良野駅
中富良野町 11
12 富良野 西側方面
富良野駅
桂沢湖 札幌・千歳
14 麓郷・東山方面
13 山部・芦別岳方面
布部駅
富良野市
山部駅
芦別岳
本書をお楽しみいただく前に
■ 田畑については私的所有地ですので、無断で立ち入ることのないよう注意してください。
■ 写真撮影時には地域のルールやマナーを守り、自然環境に配慮してお楽しみください。
■ 本書の情報は2024年6月現在のものです。交通情報などは必ず最新のものをご確認ください。
JR根室本線の廃止区間について
富良野駅と新得駅を結ぶ区間は2024年3月末の運行を最後に廃止となりました。
JR根室本線
15 南富良野町
幾寅駅
かなやま湖
落合駅
新得駅
帯広
占冠・千歳
JR石勝線
0 5 10km

目次 Table of Contents

■本書に掲載されている地図は、国土地理院『地理院地図・電子国土Web』を基に(株)青菁社が加筆・修正し作成したものです。
■地図は、撮影地点や観光スポットの目安としてご利用いただけますが、地図上の情報は変更されることがあり、また必ずしも最新・正確であるとは限りません。道路よっては冬期通行止めとなる所もあります。訪問前には必ず最新の情報をご確認ください。

道外から富良野・美瑛への旅は、飛行機で旭川空港へ。空港からはレンタカーまたはバスを利用するのがお勧め。新千歳空港から美瑛へ行く場合は、JRで旭川を経由しそこから富良野線に乗り換え。また富良野へ行く場合は滝川から根室本線。所要時間はいずれも約3時間。

車の場合、札幌から美瑛へは旭川鷹栖ICを経由し国道237号へ。
富良野へは三笠ICから桂沢湖を経由する道道を使うと約2時間ほどで到着するが、冬季は滝川ICから国道38号を利用した方が運転しやすい。

観光には車が便利だが、タクシーやバス、さらにはレンタサイクルも利用可能。
各移動手段に関する情報は事前にチェックしておくと良いでしょう。

大自然からの贈りもの

Gift from Mother Nature

旭川 旭川空港 美瑛町 富良野市 札幌 新千歳空港 函館
北海道 Hokkaido

旭川 15km(約25分) 旭川空港
旭川 24km(約35分) 美瑛
旭川空港 13km(約20分) 美瑛
旭川 45km(約35分) 滝川
美瑛 20km(約25分) 白金温泉
美瑛 18km(約25分) 上富良野
白金温泉 13km(約25分) 十勝岳温泉
上富良野 20km(約25分) 十勝岳温泉
滝川 33km(約40分) 芦別
滝川 40km(約30分) 高速道路 三笠
芦別 26km(約35分) 富良野
上富良野 8km(約10分) 中富良野
中富良野 10km(約15分) 富良野
三笠 62km(約75分) 富良野
富良野 40km(約50分) 南富良野
三笠 40km(約30分) 札幌
札幌 35km(約30分) 新千歳空港

※記載されている所要時間は車利用の場合です。
※時期や時間帯により変動する場合があります。

Cherry Blossoms

富良野・美瑛地方の桜の開花は5月の連休明けが多いが、近年では4月末ごろ。十勝岳温泉周辺のエゾヤマザクラが咲く6月初旬まで楽しむことができる。深山峠さくら園、朝日ヶ丘公園、北星山森林公園、拓真館、聖台ダムなど、さまざまな場所で開花が始まる。

Cherry blossoms in Furano, Biei usually bloom just after the consecutive holidays of May, but recently late in April. The cherry-blossom season starts in this period of coming into blossom in various regions and continues until the beginning of June when sargent cherries in and around Tokachidake Onsen bloom.

Tourist spots / AREA 3, 9, 12 etc.

富良野市（5月） | Furano City (May)

上富良野町（5月） | Kamifurano-cho (May)

富良野市（5月）｜ Furano City (May)

富良野市（5月）｜ Furano City (May)

上富良野町（5月）｜ Kamifurano-cho (May)

新緑 Fresh Green

北国の新緑は、若々しく弾ける息吹が鮮烈に感じられる。ダムや水田に映る姿も魅力的だが、新緑の時期は意外と短い。十勝岳温泉など、標高が高い場所や地理的な位置を考慮し、旬の新緑を追いかけたい。

You can feel the clear and vernal breath of fresh green in the northern districts of Japan. Though the sceneries reflected in the dam and paddy fields are attractive, the fresh green season is surprisingly short, so to keep chasing after seasonal fresh green is recommended, taking the geographic locations into consideration.

Tourist spots / AREA 2, 3, 7, 8, 12, 13 etc.

美瑛町（7月）｜ Biei-cho (Jul.)

丘 Hills

豆、ジャガイモ、麦など、畑作物が丘の主役。新芽から花、収穫、そして真っ白な冬へと移り変わる季節ごとの変化に心が洗われる。作物は毎年異なる場所で植えられるため、いつも新しい出会いが待っている。宝物を探すような気持ちで巡りたい。

The leading roles of the hills here are the field crops, such as beans, potatoes, wheat, etc. We always feel refreshed when we see the changes of the seasons like sprout to flower, to harvest, then to white winter. The places where the crops are planted change every year, so a new encounter always welcomes us.

Tourist spots / AREA 1, 3, 4, 5, 6, 9 etc.

美瑛町（7月）｜ Biei-cho (Jul.)

旭川市（6月）｜ Asahikawa City (Jun.)

花畑 Flower Gardens

花畑は各地に大小さまざま点在し、季節的には6月から9月初旬。大雪山や十勝岳連峰を背景に撮影する場合は午後、スッキリとした写真を撮影するなら午前中に。光の当たり方を意識すれば、より美しい写真が撮影できる。

The flower gardens of various sizes are dotted in each area and the best time is from June to early September. When you want take photos of them with the mountains in the background, the afternoon is the best, and for clear photos the morning is the best.

Tourist spots / AREA 4, 5, 10, 11 etc.

中富良野町（7月） | Nakafurano-cho (Jul.)

美瑛町（7月） | Biei-cho (Jul.)

中富良野町（7月） ｜ Nakafurano-cho（Jul.）

中富良野町（7月） ｜ Nakafurano-cho（Jul.）

光芒 Light Beams

光源とそれを遮る木々や雲、そして光を映し出すスクリーンとなる霧などとの組み合わせから光芒が生まれる。千望峠、深山峠、美瑛町西側などの高台からだと光芒をより観察しやすい。

Light Beams result from the combinations such as light sources and trees or clouds blocking off them, and fog as screens reflecting them, and so on. It is easier to observe light beams from the uplands such as Senbo Pass, Miyama Pass, and the west side of Biei-cho.

Tourist spots / AREA 4, 6, 9 etc.

上富良野町（12月）｜ Kamifurano-cho（Dec.）

上富良野町（9月）｜ Kamifurano-cho（Sep.）

上富良野町（12月）｜ Kamifurano-cho（Dec.）

低緯度オーロラ

Auroras in Low Attitude Areas

オーロラは、電気を帯びた粒子が大気と衝突して発光し、空を緑や赤、ピンクなどに彩り、主に北欧やアラスカなどで見られる自然現象だが、北海道の各地でも低緯度で見られる赤いオーロラが観測されている。大雪山越しにその貴重で神秘的な美しさを望むことができる。

Auroras are natural phenomena that can be seen mainly in the Nordic countries and Alaska. They are luminescence caused by a collision of electrified bodies and the atmosphere, and color the sky in green, red and pink. In various places in Hokkaido as well, red auroras in low attitude areas have been observed. The precious mysterious beauty can be seen over Taisetsuzan.

AREA 1

空港のすぐそばに広がる

雄大な自然のゲート

旭川空港(あさひかわくうこう)方面

Around Asahikawa Airport

国道　一般道　鉄道　水域・河川　3km

※地図上の●数字は本文写真番号と連動していますが、位置は目安であり、必ずしも正確で同じ写真が撮影できるとは限りません。

① 西神楽（6月）｜ Nishikagura (Jun.)

旭川空港付近から続く広大な丘の大地。目の前には迫力の大雪山が迫り、富良野・美瑛とはひと味違う丘の景色を堪能できる。朝霧から外れるため、雲海を望む機会にも恵まれる。起伏に富んだ地形なので運転には注意が必要。

Taisetsuzan with the vast hills behind extending from Asahikawa Airport is close at hand. You can enjoy a scenery of hills with a difference. There is not much morning fog, so you have a lot of opportunities to see cloud sea.

② 西神楽（7月） | Nishikagura（Jul.）

③ 西神楽（7月） | Nishikagura（Jul.）

④ 西神楽（9月）｜ Nishikagura (Sep.)

写真集をつくっている会社

青菁社

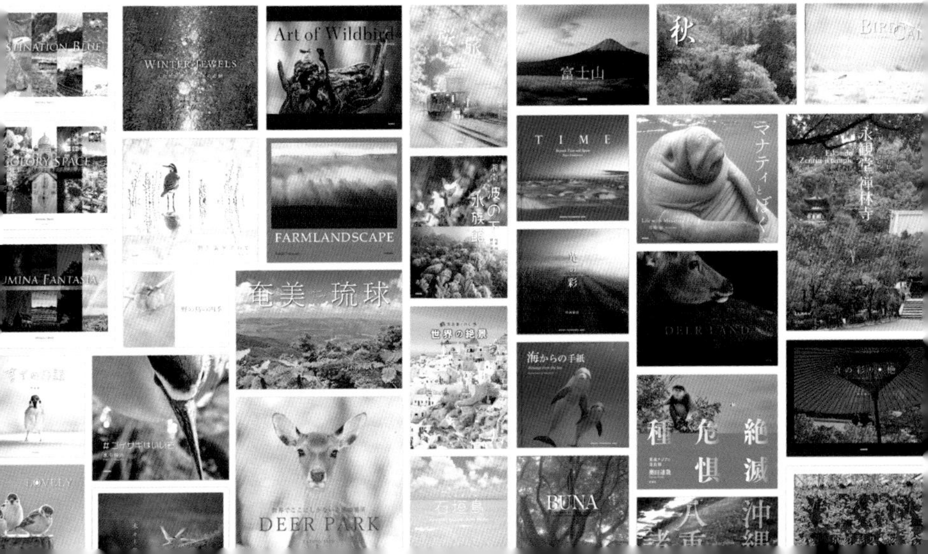

Dear deer 鹿たちの楽園

「鹿たちの楽園」をはじめ、雲や空などの自然をテーマに撮影を続ける奈良在住の写真家・佐藤和斗が奈良公園に暮らす鹿たちの新しい命の誕生から一年を通して繰り広げられる美しいドラマを描いた幸せを感じられる奈良の鹿写真集。

- ●著者：佐藤 和斗
- ●サイズ：ﾀﾃ148×ﾖｺ203㎜
- ●頁数：96頁
- ●並製本・ソフトカバー
- ●定価：本体 1,500 円＋税

AURORA

カナダ・ユーコン準州を拠点にオーロラを追い続けている写真家・谷角靖が贈る至極の一冊。オーロラ撮影は一期一会で、長年撮り続けても終わりがなく、常に芸術家を魅了し続ける。その壮大で美しい光の芸術作品をお楽しみください。

- ●著者：谷角 靖
- ●サイズ：ﾀﾃ175×ﾖｺ230㎜
- ●頁数：96頁
- ●並製本・ソフトカバー
- ●定価：本体 2,000 円＋税

WINTER JEWELS 大自然が創り出す冬の奇跡

数多くの美しい北海道の冬景色を世に送り出してきた高橋真澄。「サンピラー」「ダイヤモンドダスト」をはじめ、「彩氷」「アイスバブル」などの宝石のような自然の煌めく光景を捉えた写真集。

- ●著者：高橋 真澄
- ●サイズ：ﾀﾃ195×ﾖｺ220㎜
- ●頁数：72頁
- ●並製本・ソフトカバー
- ●定価：本体 1,600 円＋税

木々と見る夢

野鳥撮影本や、鳥類図鑑も大人気の著者による初めての作品集。世界11カ国を旅して出会っためずらしい鳥から、身近に見られる鳥の美しいシーンまで、彼らの暮らす環境まで感じさせる78の作品を掲載。

- ●著者：菅原 貴徳
- ●サイズ：ﾀﾃ195×ﾖｺ220㎜
- ●頁数：96頁
- ●並製本・ソフトカバー
- ●定価：本体 2,200 円＋税

記憶色 -きおくしょく-

人それぞれの心に深く刻まれた色の印象。それが記憶色。日本の美しい景色を眺めながら、季節の変化とともに、「季節の言葉」や「色の名前」を見て知って楽しめる一冊。

- ●著者：野呂 希一
- ●サイズ：ﾀﾃ210×ﾖｺ148㎜
- ●頁数：256頁
- ●並製本・ソフトカバー
- ●定価：本体 2,700 円＋税

にっぽん桜めぐり

国内の桜を撮り歩いてきた写真家・深澤武が桜の名所から知られざる桜まで、日本全国約90ヵ所の桜を紹介。桜に関するコラムも充実。桜めぐりの楽しみが広がる１冊。

- ●著者：深澤 武
- ●サイズ：ﾀﾃ210×ﾖｺ148㎜
- ●頁数：160頁
- ●並製本・ソフトカバー
- ●定価：本体 2,500 円＋税

高橋真澄写真集「四季」シリーズ

北海道富良野在住の風景写真家・高橋真澄が贈る壮大で清涼な北海道、富良野・美瑛の四季折々の自然風景をまとめた写真集シリーズ。ページをめくるたびに広がる美しき大自然の風景作品をお楽しみください。

- ●著者：高橋 真澄
- ●サイズ：ﾀﾃ148×ﾖｺ203㎜
- ●頁数：96頁
- ●並製本・ソフトカバー
- ●定価：各本体 1,500円＋税

①春 ふらの・びえい

②夏 ふらの・びえい

③秋 ふらの・びえい

④冬 ふらの・びえい

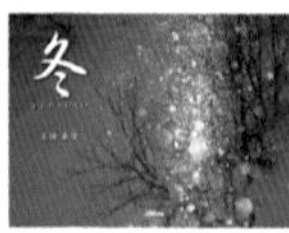

株式会社 青菁社（せいせいしゃ）
〒601-8453 京都市南区唐橋羅城門町40-3
TEL.075-634-9534 FAX.075-634-9535

⑤ 西神楽（5月） | Nishikagura (May)

⑥ 西神楽（7月） | Nishikagura (Jul.)

⑦ 西神楽（8月）｜ Nishikagura (Aug.)

⑧ 西神楽（10月）｜ Nishikagura (Oct.)

大雪山の息吹
癒しと冒険の地

旭岳温泉(あさひだけおんせん)

Asashidake Onsen

天人峡(てんにんきょう)方面

Tenninkyo

大雪山の奥座敷、旭岳温泉・天人峡方面では、旭岳を望む壮大な山岳風景、忠別川沿いに見られる柱状節理、羽衣の滝など、四季を通じて迫力満点の自然美を間近で楽しむことができる。

Through four seasons, you can enjoy the spectacular natural beauty closely such as the scenery of the vast mountains overlooking Asahidake, the columnar joint seen along Chubetsugawa River, Hagoromo Falls, and so on.

① 東川町 (9月) | Higashikawa-cho (Sep.)

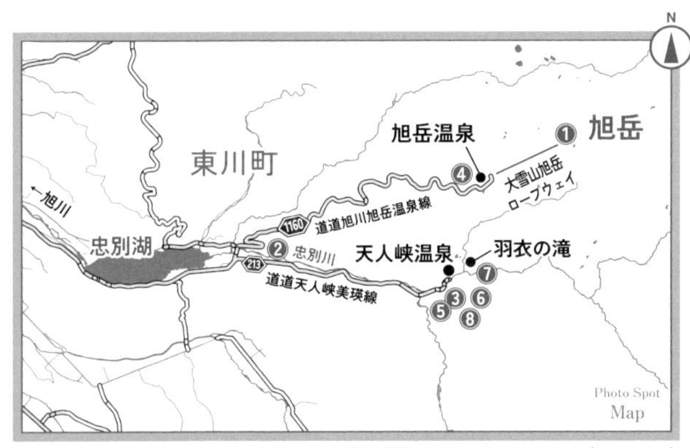

一般道　冬期通行止め　水域・河川　3㎞

② 天人峡 (5月) | Tenninkyo (May)

③ 天人峡（5月） | Tenninkyo (May)

④ 旭岳温泉（5月） | Asahidake Onsen (May)

⑤ 天人峡（10月） | Tenninkyo（Oct.）

⑦ 天人峡温泉（10月） | Tenninkyo Onsen (Oct.)

⑧ 天人峡温泉（10月） | Tenninkyo Onsen (Oct.)

⑥ 天人峡温泉（10月） | Tenninkyo Onsen (Oct.)

AREA 3

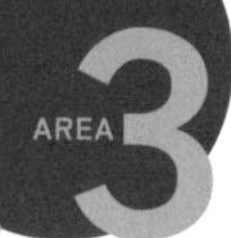

美瑛の奥座敷

Ronenai ロウネナイ
ウバクベツ Ubakubetsu
Okikineushi オキキネウシ 方面

山々がそびえ立つ壮大な景色を見られる谷間の地域。谷側には美しい田園が広がり、尾根筋には畑が連なる。水田やダム、山谷が多く、多様な丘の景色を堪能できる。訪れる人も少なく、広大で心温まるこのエリアでは心ゆくまで静かな時間が楽しめる。

This quiet area has some beautiful rural districts and fields in the valley among the spacious views woven by the mountains and hills. There are lots of paddy fields, dams, mountains and canyons, so you can enjoy various sceneries of hills.

一般道　冬期通行止め　水域・河川　3km

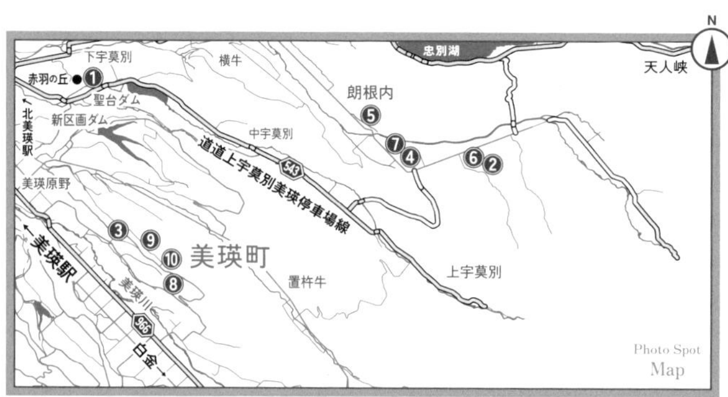

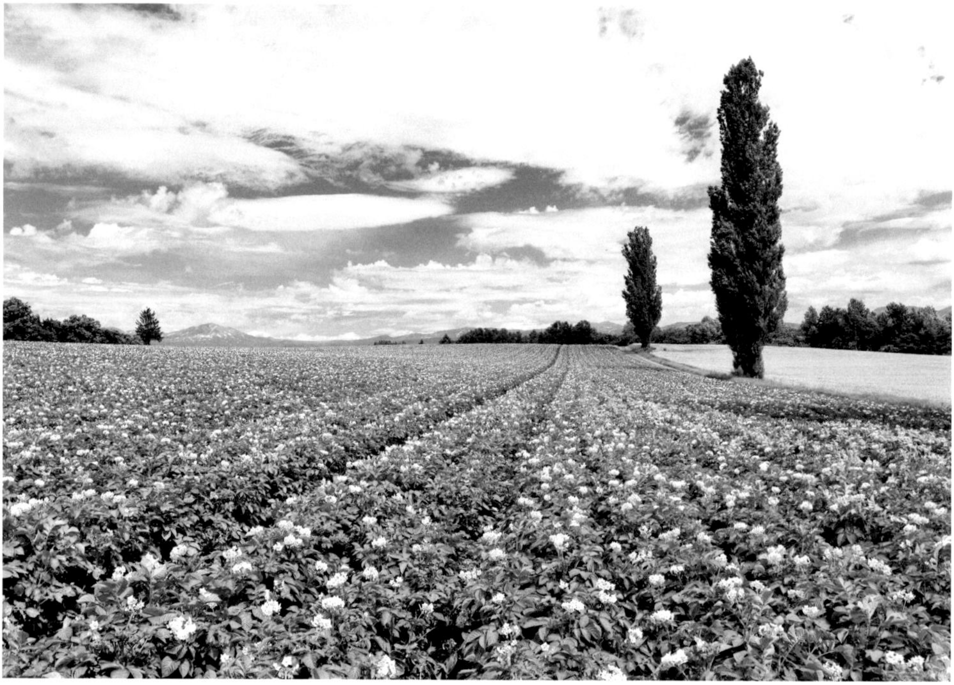

① 下ウバクベツ（7月） | Shimoubakubetsu (Jul.)

❷ ロウネナイ（5月） | Ronenai（May）

❸ 美瑛原野（5月） | Biei Field（May）

④ ロウネナイ（5月） | Ronenai (May)

⑤ ロウネナイ（5月） | Ronenai (May)

⑥ ロウネナイ（10月）｜ Ronenai (Oct.)

⑦ ロウネナイ・キガラシの花（10月）｜ Ronenai, Kikarashi Flowers (Oct.)

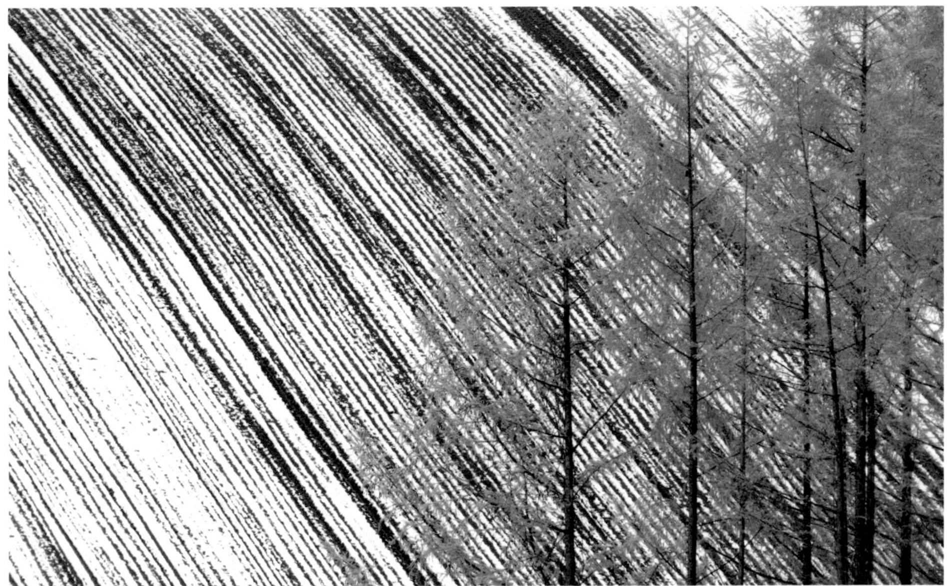

⑨ 美瑛原野（11月）｜ Biei Field (Nov.)

⑩ 美瑛原野（11月）｜ Biei Field (Nov.)

⑧ 美瑛原野（11月）｜ Biei Field (Nov.)

広がる大地のハーモニー

パッチワークの路（みち）五稜（ごりょう）方面

Patchwork Path Goryo

① 北瑛（7月）｜ Hokuei (Jul.)

美瑛町の西側に位置し、大雪山や十勝岳連峰の壮大な景色を一望でき、丘の連なりが作り出す魅力的な風景を堪能することができる。なだらかに続く丘の作物がまるでパッチワークのように広がる様子からこの名がつけられた。ポスターなどでお馴染みのフォトジェニックな木々が点在している。

It is located in the west of Biei-cho and offers an unbroken magnificent view of Taisetsuzan and Tokachidake Mountain Range, so you can enjoy the attractive landscape created by the range of hills. The expanding hills like patchwork are so gorgeous and this area is dotted with the photogenic trees that are famous in the posters.

② 美田（6月） | Mita (Jun.)

③ 五稜（10月） | Goryo (Oct.)

④ 北瑛（10月） | Hokuei（Oct.）

⑤ 美田（11月）｜ Mita (Nov.)

⑥ 大村（1月）｜ Omura (Jan.)

⑦ 美田（1月）｜ Mita (Jan.)

⑧ 美田（11月） | Mita (Nov.)

⑨ 五稜（3月） | Goryo (Mar.)

AREA 5

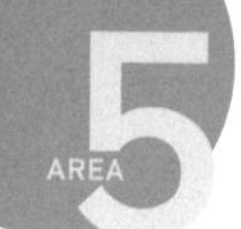

息をのむ圧巻のパノラマ

これぞ『～丘のまち～ 美瑛』

パノラマロード方面

Panorama Road

国道　一般道　鉄道　水域・河川　1km

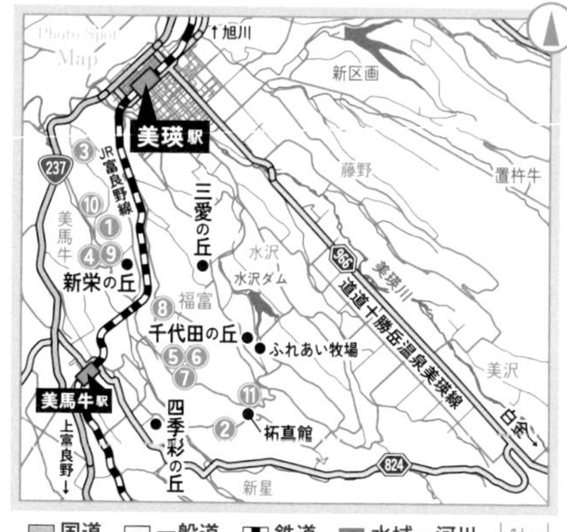

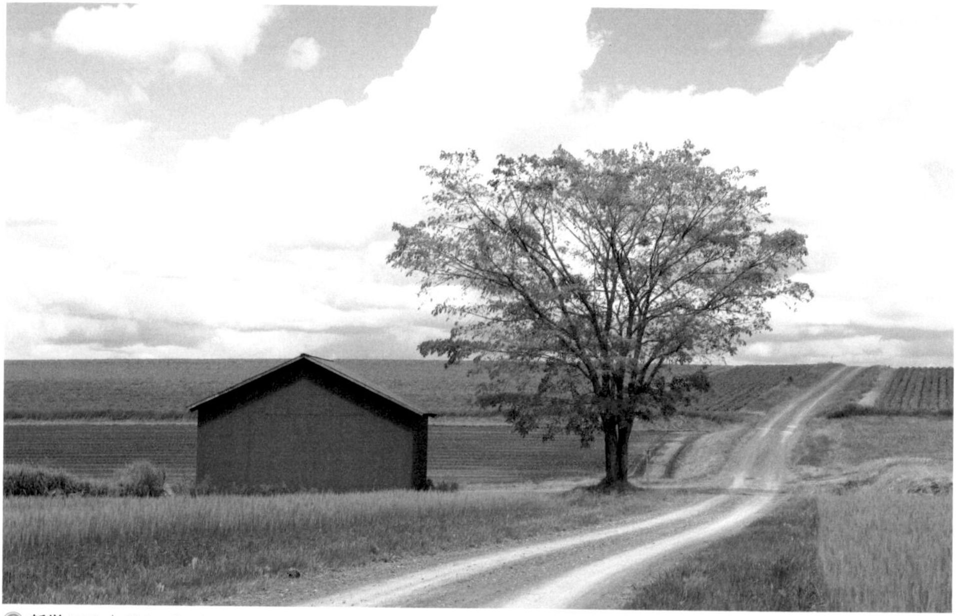

① 新栄（6月） | Shinei (Jun.)

丘の連なりを身近に感じ、畑の曲線と背後の山並みが北海道の広がりを感じさせる。360度見渡せるパノラマは圧巻で、四季を通じて多彩な景色が待ち受ける。ここは最も人気のあるエリアのひとつで観光客も多いため、運転には注意が必要。

This area overwhelmingly provides a 360-degree panorama view, and the beauty of Hokkaido is produced by the range of hills, the curved fields and the mountains in the background. This is one of the most popular areas, where a lot of tourists visit.

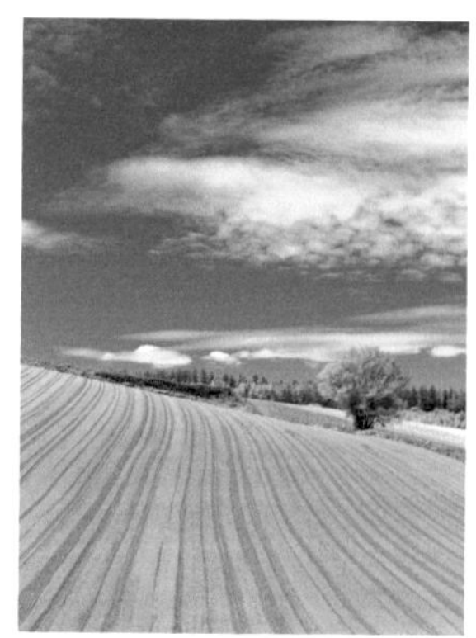

② 拓進（5月） | Takushin (May)

③ 新栄 (6月) | Shinei (Jun.)

④ 新栄 (8月) | Shinei (Aug.)

⑤ 福美沢（5月） | Fukumizawa（May）

⑥ 福美沢（6月） | Fukumizawa（Jun.）

⑦ 福美沢（10月） | Fukumizawa (Oct.)

⑧ 福美沢（11月） | Fukumizawa (Nov.)

⑨ 新栄（9月）｜ Shinei (Sep.)

⑩ 新栄（9月）｜ Shinei (Sep.)

⑪ 拓真館（2月）｜ Takushinkan（Feb.）

朝霧の丘

幻想的な光景を求めて

美馬牛（びばうし） Bibaushi
瑠辺蘂（るべしべ）方面 Rubeshibe

① 瑠辺蘂（9月） | Rubeshibe (Sep.)

雄大な十勝岳連峰と複雑に入り組んだ丘が適度な距離感で広がり、景色を見下ろすことのできる場所が豊富にある。風の通り道になっている地域なので、朝霧や霧氷がよく見られ、幻想的な光景に出会いやすい。

The Tokachi mountain range and the labyrinthine hills expand in moderate distances and there are a lot of places from which you can overlook those beautiful views. As the wind passes through this area, you often see morning fog and rime and come across fantastic views.

② 瑠辺蘂（9月）｜ Rubeshibe（Sep.）

③ 瑠辺蘂（9月）｜ Rubeshibe（Sep.）

④ 瑠辺蘂（6月） | Rubeshibe (Jun.)

⑤ 瑠辺蘂（7月） | Rubeshibe (Jul.)

⑥ 瑠辺蘂（10月）｜ Rubeshibe（Oct.）

⑦ 美馬牛（11月）｜ Bibaushi（Nov.）

⑧ 二股（10月）｜ Futamata (Oct.)

⑨ 瑠辺蘂（7月）｜ Rubeshibe (Jul.)

⑩ 美馬牛（12月）｜ Bibaushi（Dec.）

⑪ 美馬牛（1月）｜ Bibaushi（Jan.）

虹 Rainbows

盆地では天候の変化が大きいため、虹が現れやすい。虹は空気中の水滴が光を屈折させることで生じるプリズム現象によるもの。秋口に多く見られるが、雨だけでなく様々な条件で現れる。

In a basin, changes in the weather are great and a rainbow often appears. This is because water droplets in the air refract the light and a prismatic phenomenon happens as a result. It happens more frequently in fall, and a rainbow appears even under various conditions except for rain.

Tourist spots / All Areas

富良野市（3月） | Furano City (Mar.)

美瑛町（5月） | Biei-cho (May)

上富良野町（6月） | Kamifurano-cho (Jun.)

上富良野町（9月） ｜ Kamifurano-cho（Sep.）

美瑛町（7月） ｜ Biei-cho（Jul.）

上富良野町（9月） ｜ Kamifurano-cho（Sep.）

彩雲 Cloud Iridescence

彩雲は、雲が冷えて結晶化し、その上に太陽光が当たることでプリズム現象により分光し、虹のように輝く。空一面が太陽を中心に七色に色づくこともある。特に冬などの寒い季節にこの色彩がより鮮やかになる。

Tourist spots / AREA 8, 9 etc.

Clouds get chilly and crystallized, and then shine like a rainbow with the sunlight dispersed by a prism phenomenon. This is called cloud iridescence. The whole sky with a focus on the sun sometimes turns into the seven prismatic colors, and its coloring becomes more vivid especially in the cold winter season.

富良野市（10月）｜ Furano City (Oct.)

紅葉 Autumn Leaves

紅葉は、9月20日ごろの十勝岳温泉周辺を皮切りに、10月初旬には十勝岳望岳台や白金温泉などの山側へ広がっていく。丘の木々が色づくのは10月中旬、カラマツの見事な紅葉は、10月20日過ぎに原始ヶ原周辺から始まり、11月の初めにはピークを迎える。

The color changing of leaves starts from the Tokachidake Onsen area around September 20 and spreads to the mountain side of Shirokane Onsen in early October. The leaves of the trees on the hills change in color in mid-October, and the color changing of larches starts from the Genshigahara area after October 20 and peaks in early November.

Tourist spots / AREA 2, 3, 7, 8, 12, 13, 15 etc.

美瑛町（10月）｜ Biei-cho (Oct.)

富良野市（10月） | Furano City（Oct.）

富良野市（10月） | Furano City（Oct.）

AREA 7

青の輝き
美瑛ブルーへの招待

青(あお)い池(いけ) Blue Pond

Shirogane 白金(しろがね)方面

一般道　冬期通行止め　水域・河川　1km

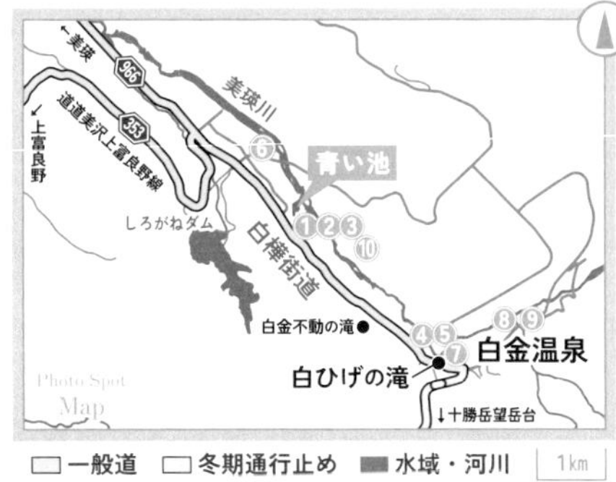

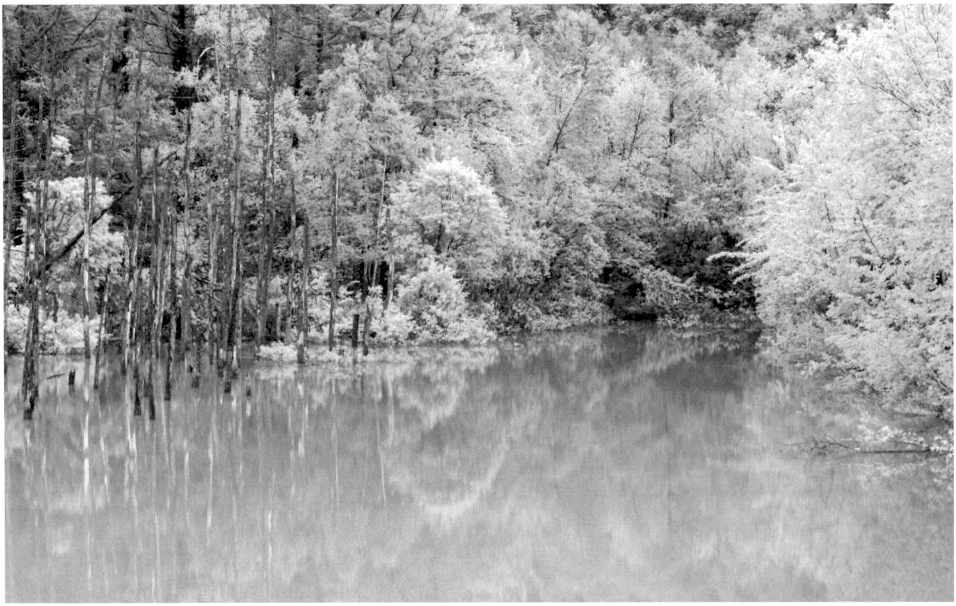

① 青い池（5月）｜ Blue Pond（May）

かつては静かで人影もなかった青い池だが、現在は駐車場も整備され多くの人で賑わう。防災ダムによりせき止められた美瑛川の水と白金温泉からの温泉成分が混ざり合う青い池。そこに並ぶ立ち枯れのカラマツが幽玄な情景を作り出す。美瑛川沿いの白樺、背後に迫る十勝岳連峰も魅力のひとつ。

This is the blue pond where the water of Biei River dammed up by the disaster preventing dam and the hot spring components from Shirogane Onsen are mixed together. The withered larches standing in a row there make subtle and profound landscapes. The string of white birches along Biei River with the Tokachidake mountain range behind is one of the charms.

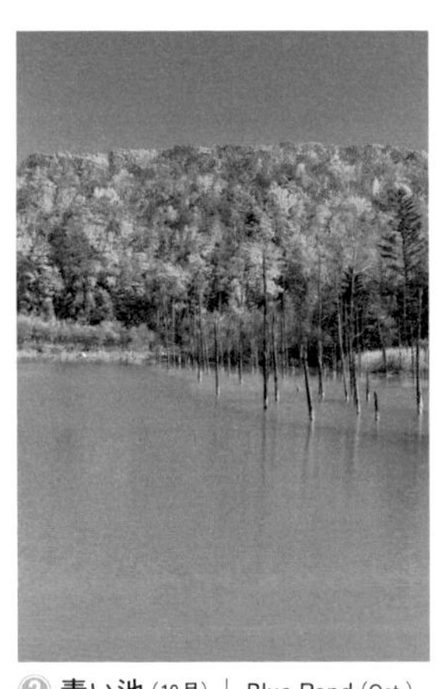

② 青い池（10月）｜ Blue Pond（Oct.）

③ 青い池（11月）｜ Blue Pond (Nov.)

④ 白ひげの滝（2月）｜ Shirahige Falls (Feb.)

⑥ 白金（10月）｜ Shirogane (Oct.)

⑦ 白ひげの滝（10月）｜ Shirahige Falls (Oct.)

⑤ 白ひげの滝（10月）｜ Shirahige Falls (Oct.)

⑧ 白金温泉（6月） | Shirogane Onsen (Jun.)

⑨ 白金温泉（5月） | Shirogane Onsen (May)

⑩ 青い池（11月）｜ Blue Pond（Nov.）

AREA 8

北海道一標高の高い温泉郷

十勝岳（とかちだけ）方面

Tokachidake

① 十勝岳温泉（6月） | Tokachidake Onsen (Jun.)

四季を通じて山岳の景色は素晴らしく、新緑、紅葉、彩雲など、多彩な景色が楽しめる。北海道で最も標高の高い十勝岳温泉郷方面へ進むと、それまでの丘の風景から一変し、峻厳な世界が広がる。

The scenery of the mountains is magnificent all the year round. Heading further to Tokachi Onsen, you will see a completely different world from the previous landscape.

② 十勝岳温泉（3月） | Tokachidake Onsen (Mar.)

③ 十勝岳望岳台（10月） | Tokachidake Observatory (Oct.)

④ 十勝岳望岳台（6月） | Tokachidake Observatory (Jun.)

⑤ 十勝岳温泉（10月） | Tokachidake Onsen (Oct.)

⑥ 十勝岳温泉（10月）｜ Tokachidake Onsen (Oct.)

⑦ 十勝岳温泉（1月）｜ Tokachidake Onsen (Jan.)

⑧ 十勝岳温泉（2月） | Tokachidake Onsen (Feb.)

風景七変化
美しき大自然を一望

上富良野（かみふらの） Kamifurano
深山峠（みやまとうげ）方面 Miyama Pass

① 深山峠・ラベンダー畑（7月）｜ Miyama Pass, Lavender Field (Jul.)

大雪山や十勝岳連峰を真っ正面から望むことができ、大地を見下ろせる場所が多いため、自然の変化も認識しやすく、朝日や夕日を捉える絶好の撮影ポイント。風景の移り変わりが大きく、ダイヤモンドダストなども観察しやすい。

In this area where you see Taisetsuzan and the Tokachidake mountain range right in front of you, you can easily feel changes of the nature and take wonderful photos of the morning and evening sun. It is also easy to observe diamond dust here.

② 深山峠（9月）｜ Miyama Pass (Sep.)

③ 深山峠（4月） | Miyama Pass (Apr.)

④ 深山峠（11月） | Miyama Pass (Nov.)

⑤ 深山峠（9月） | Miyama Pass (Sep.)

⑥ 深山峠（10月） | Miyama Pass (Oct.)

⑦ 里仁（9月） | Rijin（Sep.）

⑧ 深山峠（12月） | Miyama Pass（Dec.）

⑩ 深山峠（5月）｜ Miyama Pass（May）

⑪ 深山峠（12月）｜ Miyama Pass（Dec.）

AREA 10

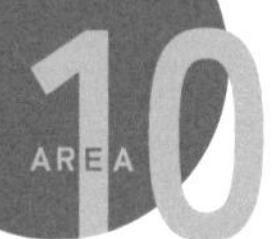

虹の大地 上富良野町（かみふらのちょう）

Kamifurano-cho

盆地気候特有の朝霧と大きな寒暖差により、気候が変わりやすく、景色が一変する事が多い。千望峠からの見晴らし、アップダウンの激しい「ジェットコースターの路」(P74地図参照)などスケールの大きなパノラマが広がる。

Because of the morning fog and the big temperature difference peculiar to a basin climate, the weather and the view easily change completely. There is a large-scale panorama such as the view from Senbo Pass.

国道　一般道　冬期通行止め　鉄道　水域・河川　2km

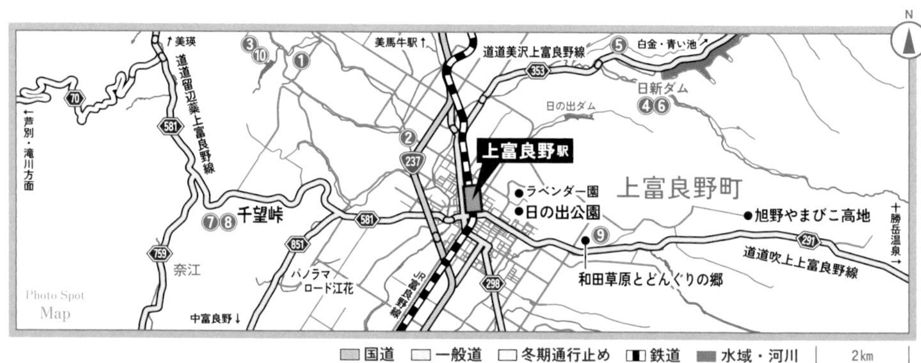

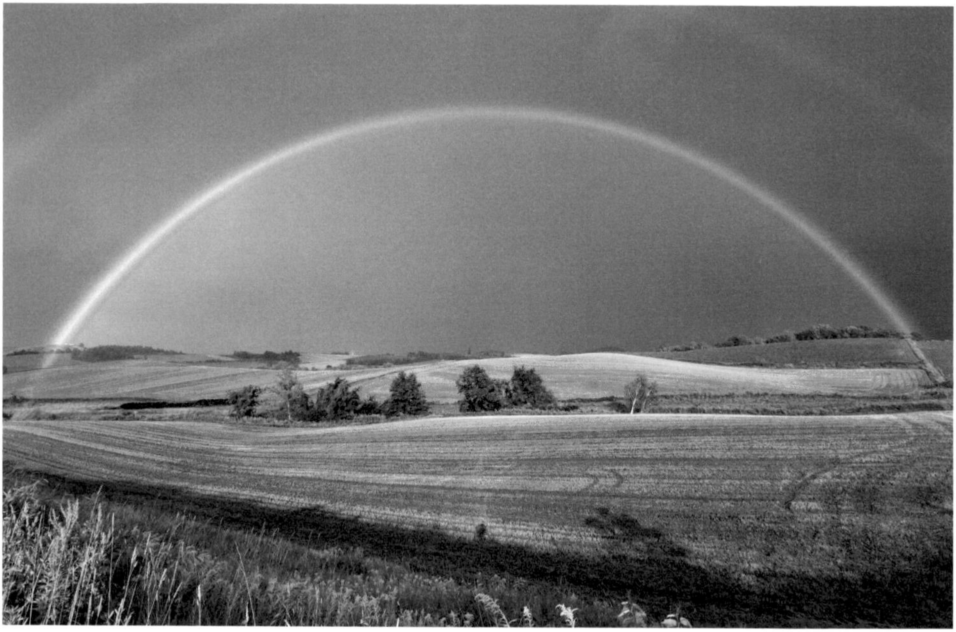

① 上富良野町（9月）｜ Kamifurano-cho (Sep.)

② 上富良野町・ホップ畑（6月） | Kamifurano-cho, Hop Field (Jun.)

③ 上富良野町（5月） | Kamifurano-cho (May)

④ 日新ダム（7月） | Nisshin Dam (Jul.)

⑤ 上富良野町（7月）｜ Kamifurano-cho (Jul.)

⑥ 日新ダム（7月）｜ Nisshin Dam (Jul.)

⑦ 千望峠（9月） | Senbo Pass (Sep.)

⑧ 千望峠（8月） | Senbo Pass (Aug.)

⑨ 上富良野町（1月）｜ Kamifurano-cho (Jan.)

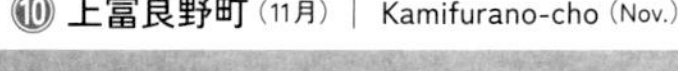

⑩ 上富良野町（11月）｜ Kamifurano-cho (Nov.)

AREA 11

彩りの町

中富良野町（なかふらのちょう）

Nakafurano-cho

ラベンダー、ルピナス、ポピーといった様々な花風景が人気のエリア。花畑が有名なエリアだが、ここから南へ向かうと、北側のエリアとはひと味違った丘の大地が広がっている。西側の新緑・紅葉、本幸のポプラ並木、北星山森林公園など、魅力的なスポットが多くある。

This area is popular for the various views of flowers such as lavenders, lupins, poppies, etc. and famous for the flower field. Heading for the south from here, you will see the earth of the hills somewhat different from the north side, such as poplar trees in the east and fresh green and autumn leaves in the west.

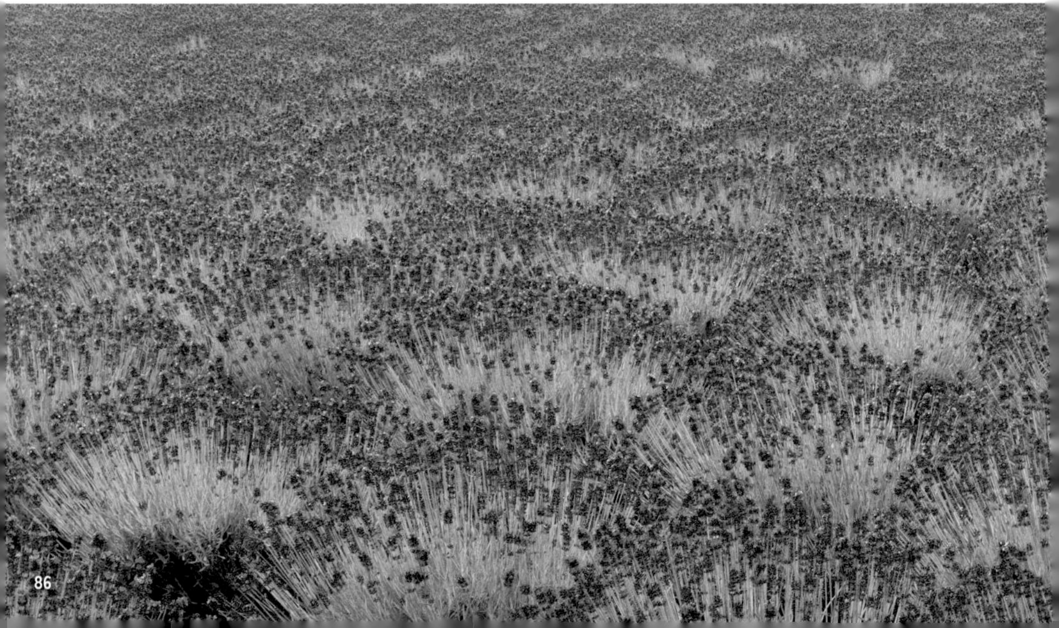

① 中富良野森林公園（7月） | Nakafurano Forest Park (Jul.)

② ファーム富田（7月） | Farm Tomita (Jul.)

③ 中富良野森林公園・カラマツ林（10月）｜ Nakafurano Forest Park, Larch Forest (Oct.)

④ 本幸・ビール麦（7月）｜ Honko, Beer Barley (Jul.)

⑤ 本幸（11月）｜ Honko (Nov.)

⑥ 奈江（10月）｜ Nae (Oct.)

⑦ 中富良野町（11月）｜ Nakafurano-cho (Nov.)

⑧ 中富良野森林公園・ナナカマドの実（12月）｜ Nakafurano Forest Park, Rowanberry (Dec.)

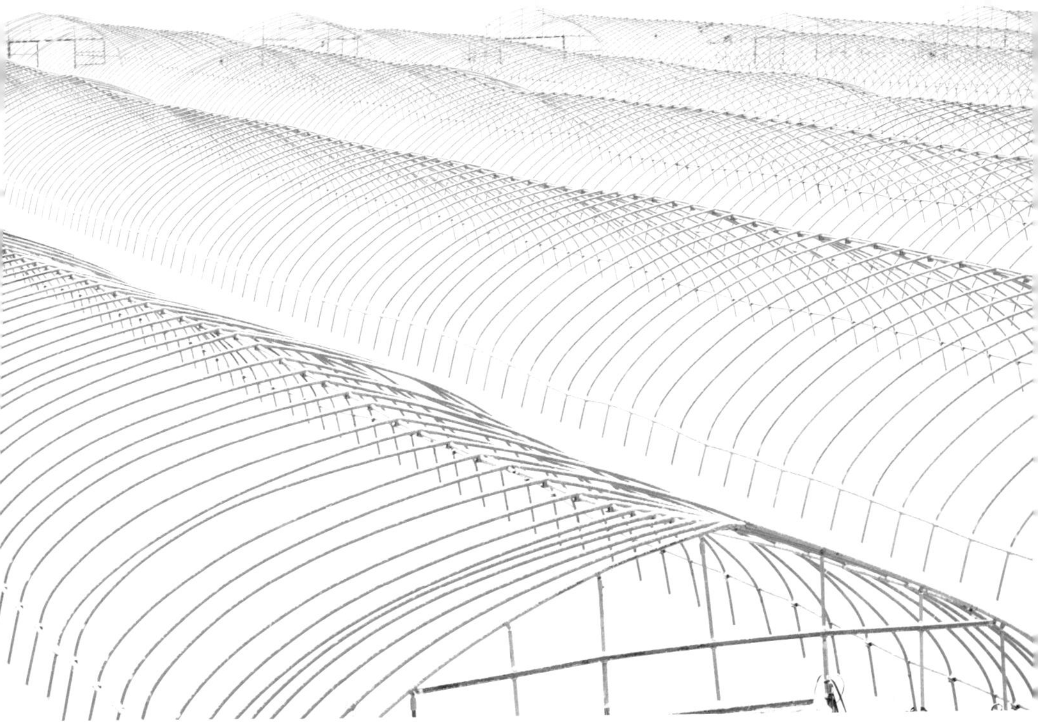

⑨ 中富良野町（12月）｜ Nakafurano-cho (Dec.)

⑩ 中富良野町・ラベンダー畑（1月）｜ Nakafurano-cho, Lavender Garden (Jan.)

中富良野町（1月） | Nakafurano-cho (Jan.)

ダイヤモンドダスト

Diamond Dust

ダイヤモンドダストは、空気中の水分が結晶化し、降り落ちた際に日光が当たって反射することでキラキラと輝く美しい現象。風のない放射冷却で冷え込んだ朝、氷点下15度以下だとこの光景が見られる可能性が高い。

Tourist spots / AREA 4, 5, 6, 8, 9 etc.

Diamond dust is a phenomenon that the crystallized moisture in the air shines by the reflected light of the sun. In the morning chilled by radiative cooling without the wind, it is likely to see this beautiful view at 15 degrees below freezing point.

上富良野町（2月） | Kamifurano-cho (Feb.)

上富良野町（2月） | Kamifurano-cho (Feb.)

富良野市（11月） | Furano City (Nov.)

夜の丘 ライトピラー
Night Hills Light Pillars

真っ暗な夜、ぼんやりと街明かりが丘を彩る景色は、カメラ技術の進歩により、これまでにない表現が可能になった。ライトピラーは、サンピラーの太陽光に代わる街の灯りが垂直に空へと伸びていく美しい光景。

When you take photos of the views that the street lights illuminate the hills dully at dark night, the new expressions are now available because of the advance of photographic technique. Light pillars are beautiful views that the street lights vertically extend upward to the sky, like sun pillars.

Tourist spots / AREA 4, 5, 6, 9, 10 etc.

「月の入り」上富良野町（2月）｜Kamifurano-cho（Feb.）

美瑛町（9月）｜Biei-cho（Sep.）

「ライトピラー」美瑛町（2月）｜ Light Pillars, Biei-cho (Feb.)

「ライトピラー」上富良野町（1月）｜ Light Pillars, Kamifurano-cho (Jan.)

霧氷 Rime

霧氷は、寒く厳しい季節に自然が咲かせる雪の花のようだ。その凛とした美しさは、いつ見ても心が癒される。特に湿気のある川筋や朝霧が立ちこめる場所で形成されやすく、晴れた夜の放射冷却で強く冷えこんだ朝には丘の上でも見られる。

Rime is snowflake that nature makes bloom in a cold and sever season. It is easily formed especially in moist places along the river and places with a lot of morning mist. It can also be seen on the hills in the cold morning when the air is chilled by radiative cooling.

Tourist spots / AREA 6, 8, 9, 10 etc.

美瑛町（1月） | Biei-cho (Jan.)

美瑛町（1月） | Biei-cho (Jan.)

富良野市（1月） | Furano City (Jan.)

美瑛町（1月）｜Biei-cho (Jan.)

上富良野町（2月）｜Kamifurano-cho (Feb.)

美瑛町（3月）｜ Biei-cho (Mar.)

融雪模様

Snow Melting Patterns

美瑛町（3月）｜ Biei-cho (Mar.)

上富良野町（3月）｜ Kamifurano-cho (Mar.)

畑の融雪を早めるために炭をスノーモービル等で撒き、効率よく作業することで、丘に美しい螺旋模様を描き出し、丘全体が幾何学的な景色に変化する。近年はスノーモービルを持つ農家も多く、この時期は融雪剤散布による独特の融雪模様が見られる。

Beautiful spiral patterns are born on the hills by scattering charcoal by snowmobile in order to accelerate snowmelt. During this period, geometric patterns spread throughout the hills because of the snow melting agent.

Tourist spots / AREA 4, 5, 6, 9, 10, 11 etc.

上富良野町（3月）｜ Kamifurano-cho（Mar.）

美瑛町（3月）｜ Biei-cho（Mar.）

AREA 12

季節が奏でる色彩
新緑・紅葉の絶景ポイント

富(ふ)良(ら)野(の) 西側方面

The West Side of Furano

① 富良野市（5月） | Furano City (May)

富良野から芦別へ続く西側方面は、谷間に広がる新緑・紅葉が見事。空知川沿いも四季通じて変化に富んだ景色を見せてくれる。谷間が続くこのエリアでは陰影が際立ちやすく、光の向きを考慮することで、さらに魅力的な光景に出会えるだろう。

On the west side from Furano to Ashibetsu, fresh green and autumn leaves spreading out in the valley are so gorgeous. The various sceneries along Sorachigawa River are also enjoyable all the year round. You will see even more beautiful views depending on an angle of light beam.

② 富良野市（5月） | Furano City（May）

③ 富良野市（5月） | Furano City（May）

④ 富良野市（7月）｜ Furano City（Jul.）

⑤ 富良野市（6月）｜ Furano City（Jun.）

⑥ 富良野市（10月） ｜ Furano City (Oct.)

⑦ 富良野市（10月） ｜ Furano City (Oct.)

四季の彩り、連なる山岳美

山部（やまべ） 芦別岳（あしべつだけ）方面

Yamabe
Ashibetsudake

① 山部（5月） | Yamabe (May)

北の峰から山部に続くエリアは芦別連峰を背景に迫力ある丘と山岳の景色が続き、四季の変化がより感じられる。また、朝日ヶ丘公園では冬を除く季節に様々な被写体が楽しめ、訪れる人も少ないため、のんびりと探索できる。

The area from the north ridge to Yamabe shows the magnificent landscape against a backdrop of Ahibetsu mountain range all the year round. And furthermore, in Asahigaoka Park you can enjoy various scineries in three seasons except winter and explore quietly because there are few people.

② 山部（12月） | Yamabe (Dec.)

③ 山部・サクランボの花（5月） | Yamabe, Cherry flowers (May)

④ 北の峰（5月） | North Peak (May)

⑤ 北の峰（5月）｜ North Peak (May)

⑥ 山部・サクランボの花とタンポポ（5月）｜ Yamabe, Cherry Flowers and Dandelions (May)

⑧ 山部（10月）｜ Yamabe (Oct.)

⑨ 北の峰（10月）｜ North Peak (Oct.)

⑦ 山部・芦別岳（10月）｜ Yamabe, Ashibetsudake (Oct.)

AREA 14

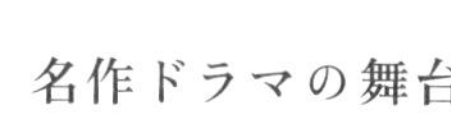

名作ドラマの舞台

故郷の景色が息づく

麓郷・東山 方面

ろくごう　ひがしやま

Rakugo, Higashiyama

麓郷は有名なTVドラマ『北の国から』の撮影地としても知られ、自然豊かで広大なその景色は背景との組み合わせによって多彩に変化する。東山方面へ続く国道38号線沿いの道は、こちらも広大な丘の大地が広がっており、人出が比較的少ないため、ゆっくりと景色を堪能できる。

Rakugo is famous for the filming location of a masterpiece drama and has an expansive scenery surrounded by beautiful nature as a feature. On the road for Higashiyama along Route 38, you can enjoy the scenery of the spreading hills quietly.

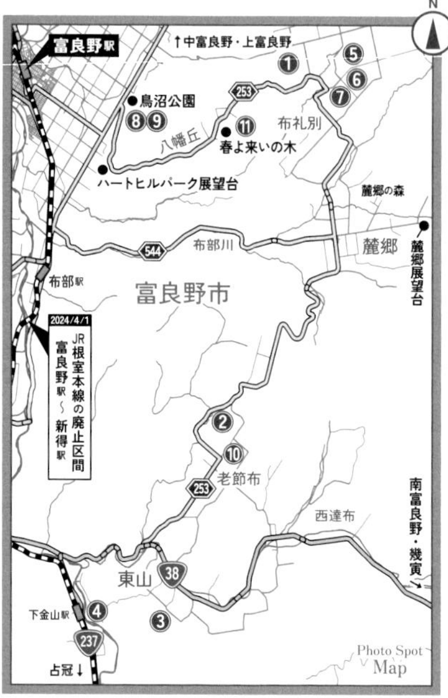

① 麓郷（8月）｜ Rokugo (Aug.)

② 老節布（8月）｜ Roseppu (Aug.)

③ 東山・ヤナギラン（7月）｜ Higashiyama, Willow Herb (Jul.)

④ 下金山（5月） | Shimokanayama (May)

⑤ 麓郷・ビール麦（7月） | Rokugo, Beer Barley (Jul.)

❻ 麓郷（8月） | Rokugo (Aug.)

❼ 麓郷・玉ねぎ畑（9月） | Rokugo, Onion Field (Sep.)

⑧ 鳥沼（7月）｜ Torinuma (Jul.)

⑨ 鳥沼（1月）｜ Torinuma (Jan.)

⑩ 老節布（1月）｜ Roseppu (Jan.)

⑪ 春よ来いの木（3月）｜ Haruyokoinoki (Mar.) *Tree waiting for spring

みなみふらのちょう

静寂の森林美 南富良野町 Minamifurano-cho

幾寅から狩勝峠にかけて、開墾された大地が森林地帯とともに続き、撮影に訪れる人も少なく静かな旅を楽しめる。また、かなやま湖は四季を通じて美しく、特に氷結時や新緑、紅葉など、多彩で見事な景色が広がる。

From Ikutora to Karikachi Pass, you can enjoy a quiet trip with spreading cultivated land and forest. Kanayama Lake is beautiful all the year round and especially wonderful in the freezing, and fresh green and autumn leaves seasons.

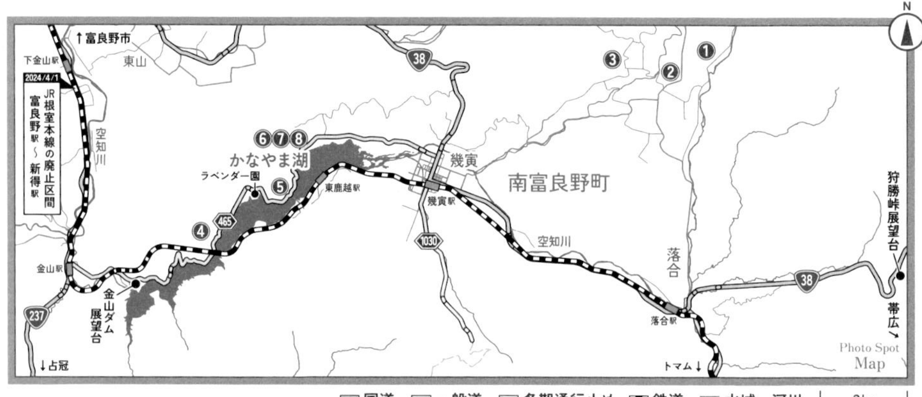

① 落合（7月） | Ochiai (Jul.)

❷ 落合（7月） | Ochiai (Jul.)

❸ 落合（7月） | Ochiai (Jul.)

 ④ かなやま湖（11月） | Kanayama Lake (Nov.)

⑤ かなやま湖（11月） | Kanayama Lake (Nov.)

⑥ かなやま湖（11月） | Kanayama Lake (Nov.)

❼ かなやま湖（12月） | Kanayama Lake (Dec.)

❽ かなやま湖（12月） | Kanayama Lake (Dec.)

深山峠から見る日の出時刻と位置

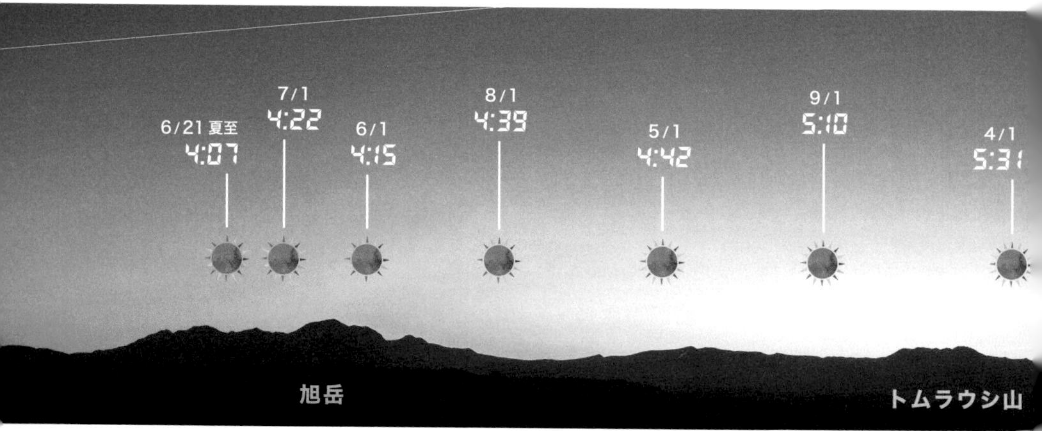

季節の風景と花の見頃カレンダー

	1月	2月	3月	4月	5月	6月
風景	ダイヤモンドダスト ―	―	―	雪解けの丘	新緑始まる	朝霧が出始める
風景	霧氷 ―	―	―	雪解けの川 ―	―	カラマツの新緑が盛り
風景	白い丘 ―	―	(雪が締まり歩きやすい)	農作業始まる	土起こしの湯気	澄みわたる丘
風景	氷結した川 ―	―	氷結緩む川	十勝岳温泉等の春山 ―	―	十勝岳温泉等の残雪
風景	残照の赤い山並み	蒼い残照に浮かぶ樹林	融雪模様	冬期通行止めが解除され行動範囲広がる	丘が色付き始める	新緑の川
風景	雪の付いたナナカマドの実				秋まき小麦の緑の畝	干草ロール ―
風景				「青い池」解氷		
花			ふきのとう ―	―	キガラシ ―	―
花			ネコヤナギ ―	―	早咲きポピー ―	―
花				ミズバショウ ―	―	ルピナス / スズラン
花				エゾエンゴサク(月末) ―	―	早咲きラベンダー
花				サクラ(月末) ―	―	シャクヤク
花				カタクリ(月末) ―	―	ジャーマンアイリス
花				フクジュソウ	コブシ	ジャガイモ(月末) ―
花					チューリップ	オオウバユリ
花					シラカバ、カラマツの新緑	

日の出前（5月）

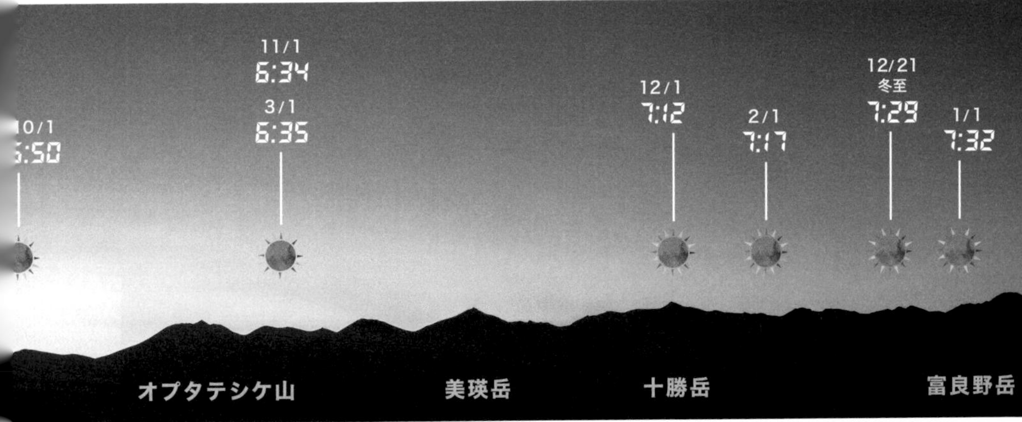

太陽が昇る時刻と位置は観測地点によって変わります。

7月	8月	9月	10月	11月	12月
お花畑が盛り ――	――	十勝岳の紅葉	丘の紅葉がピーク	カラマツの紅葉	ダイヤモンドダスト
色づく丘 ――	――	――	――	――	霜枯れの風景
夏山	麦の刈り入れ	朝霧が濃くなる	朝霧の多様な変化 ――	――	霧氷
青い空	麦のロール	虹が頻繁に出る ――	――	落ち葉	白い丘
麦の刈り入れが始まる	作物のパッチワーク模様	朝夕光が立ち始める		凍り始める川 ――	――
――				光芒が立つ	「青い池」結氷
				初雪の丘	
ラベンダー ――	――	紫サルビア		ナナカマドの実 ――	――
ポピー ――	――	コスモス			
キガラシ ――	――	――	――	――	
コウリンタンポポ ――	――				
各種ハーブ類	ヒマワリ ――	――	――		
麦／豆類	各種ハーブ類	ススキ ――	――		
リアトリス	ハンゴンソウ				
――	クガクソウ				
ヤナギラン					

この表に示される見頃の時期は過去のデータに基づいており、気候変動等によって実際の見頃が前後する可能性があります。訪問前に必ず最新の情報をご確認ください。

あとがき | Afterword

近年このエリアは国内だけでなく、海外から訪れる方々も非常に多くなっている。丘を中心に山岳を背景にした広大な景色は独特で多彩であり、四季を問わず長年見続けても新鮮さを感じさせるほどだ。そこが人々を魅了してやまないのだと思う。

この景色の追求を始めて45年以上、まだまだ新たなる魅力を見出して突き進んでゆこうと思う。

高橋 真澄

Recently in these areas, we have been having more and more visitors. They are not only in-country people but also foreign people. The expansive sceneries against a backdrop of mountains, mainly hills are special and colorful. They still always make me feel fresh through four seasons despite my long experience of enjoying them. That is why they greatly attract people.

It has been 45 years since I started investigating these beautiful sceneries. I will push my way to seek further new fascination.

Masumi Takahashi

美瑛町（2月） | Biei-cho (Feb.)

風景写真家 高橋 真澄（たかはし ますみ）
Landscape Photographer Masumi Takahashi

1959年北海道生まれ。1995年より上富良野町に在住。
大学時代から北海道の山々を撮影し始め、富良野・美瑛を中心に広大で清涼な自然風景を独自の感性で表現し続けている。
1997年に青い池（美瑛）を発見し写真集『blue river』を出版。
これまでに70冊以上の著書を世に送り出している。
虹、サンピラー、ダイヤモンドダスト撮影の第一人者としても広く知られている。

Born in Hokkaido in 1959 and has lived in Kamifurano-cho since 1995. Started taking pictures mainly of the mountains in Hokkaido when he was a college student. Has taken photos mostly of Biei and Furano with his own unique sensitivity, and published over 70 photobooks. Discovered Blue Pond (Biei) in 1997 which has been popular recently, and published the photobook named "blue river" (published by Seiseisha Publishing Co., Ltd). Widely known as a leading photographer of rainbow, sun pillar and diamond dust.

主な著書

1990年　写真集「NORTH LAND IMAGE」（青菁社）
1992年　写真集「SHINING」（青菁社）
1993年　写真集「OFF」「PURE」（青菁社）
1994年　フォトエッセイシリーズ
「あなたの予感」「心の香り」
「天使の贈り物」「風に誘われて」（青菁社）
CD-ROM「美瑛・富良野」（シンフォレスト）
1995年　CD-ROM「美瑛・富良野第２集」（シンフォレスト）
写真集「風の音」（青菁社）
1996年　フォトエッセイシリーズ「憧憬」（青菁社）
ポストカードブックス「遥かなる大地」（ピエ・ブックス）
「自然の彩色」（ピエ・ブックス）
1997年　ネイチャーマインドシリーズ
「木」「水」「空」（青菁社）写真集「Ballade」（青菁社）
1998年　ネイチャーマインドシリーズ
「光」「虹」「雨」「雲」（青菁社）
写真集「BLUE RIVER」（青菁社）
ポストカードブックス「月ものがたり」（ピエ・ブックス）
「空と大地の詩」（ピエ・ブックス）
1999年　ネイチャーマインドシリーズ「音」「香」（青菁社）
写真集「TONE」（青菁社）
2000年　ネイチャーマインドシリーズ「色」（青菁社）
写真集「丘の風景」（青菁社）
2001年　ネイチャーマインドシリーズ「道」（青菁社）
風景ガイド「美瑛・富良野－丘をめぐる旅」（北海道新聞社）
2002年　写真集「光の旋律」（青菁社）
CD-ROM 名盤コレクション
「美瑛・富良野」（シンフォレスト）
2005年　minibookseries「いつもみたい空」（青菁社）
写真集「静かな時間」（ピエ・ブックス）
ポストカードブックス「大地の詩」（ピエ・ブックス）
minibookseries「♥の木」（青菁社）
2006年　風景ガイド「美瑛・富良野」（北海道新聞社）
2007年　写真集「いつかどこかで」（青菁社）「虹物語」（青菁社）
写真詩集「深呼吸をして」（ピエ・ブックス）
2008年　写真詩集「自分らしく」（ピエ・ブックス）
写真集「太陽柱」（青菁社）「雲物語」（青菁社）
フォトメッセージ・ブック「with LOVE」（ぶんか社）
2009年　写真集「虹の風景」（青菁社）
フォトメッセージ・ブック「Happy!」（ぶんか社）
2010年　写真集「美瑛・富良野」（青菁社）「色物語」（青菁社）
写真集「喜びと祝福のあふれる丘」（いのちのことば社）
撮影テクニック「風景写真の撮りかた」（ピエ・ブックス）
写真集「優しい時間」共著「老子、荘子の名言」（ピエ・ブックス）
2011年　写真集「輝く時間」（ピエ・ブックス）
共著「般若心経」（ピエ・ブックス）
2012年　共著「仏道」（ピエ・ブックス）
2013年　写真集「SPRING」（青菁社）
新・風景ガイド「美瑛・富良野」（北海道新聞社）
写真集「SUMMER」（青菁社）写真集「AUTUMN」（青菁社）
写真集「WINTER」（青菁社）写真集「SUNPILLAR」（青菁社）
2015年　写真集「風雅」（青菁社）
2017年　四季シリーズ写真集「秋」「冬」（青菁社）
2018年　四季シリーズ写真集「春」「夏」（青菁社）
写真集「風景」（青菁社）
2019年　写真集「美しい時間」（パイ インターナショナル）
写真集「WINTER JEWELS」（青菁社）

北海道 富良野 美瑛

ふらの びえい

風景NAVI

Hokkaido Furano, Biei Area

Landscape Navigation

発行日 / 2024年6月30日 初版1刷
著　者 / 高橋 真澄
編　集 / KENZAN
協　力 / 高橋 雅子
英　訳 / 岡山 泰子
印　刷 / サンエムカラー
製　本 / 新日本製本
発行者 / 日下部 忠男
発行所 / 青菁社
〒601-8453 京都市南区唐橋羅城門町40番地3
TEL.075-634-9534　FAX.075-634-9535
https://www.seiseisha.net/

ISBN 978-4-88350-349-0

Date of Publication / June 30th, 2024
Photographer / Masumi Takahashi
Editor / Kenzan
Adviser / Masako Takahashi
Translator / Yasuko Okayama
Printer / SunM color Co., Ltd.
Book binder / Shinnihon Bindery Co., Ltd.
Publisher / Tadao Kusakabe
Seiseisha Publishing Co., Ltd.
40-3, Rajomon-cho, Karahashi, Minami-ku,
Kyoto 601-8453, Japan
Phone. 075-634-9534　Fax. 075-634-9535

ISBN 978-4-88350-349-0

美瑛町（6月）｜ Biei-cho（Jun.）